ET DE

LA GRÈCE

ET

MÉMOIRE SUR LA RÉPARTITION ACTUELLE DES RACES

DANS LA PÉNINSULE ILLYRIQUE

AVEC TABLEAUX STATISTIQUES

PUBLIÉ A LONDRES PAR **EDWARD STANFORD**

Traduit de l'anglais

PRIX : DEUX FRANCS

PARIS

E. DENTU, LIBRAIRE-EDITEUR

PALAIS-ROYAL, GALERIE D'ORLÉANS, 15-17-19

1877

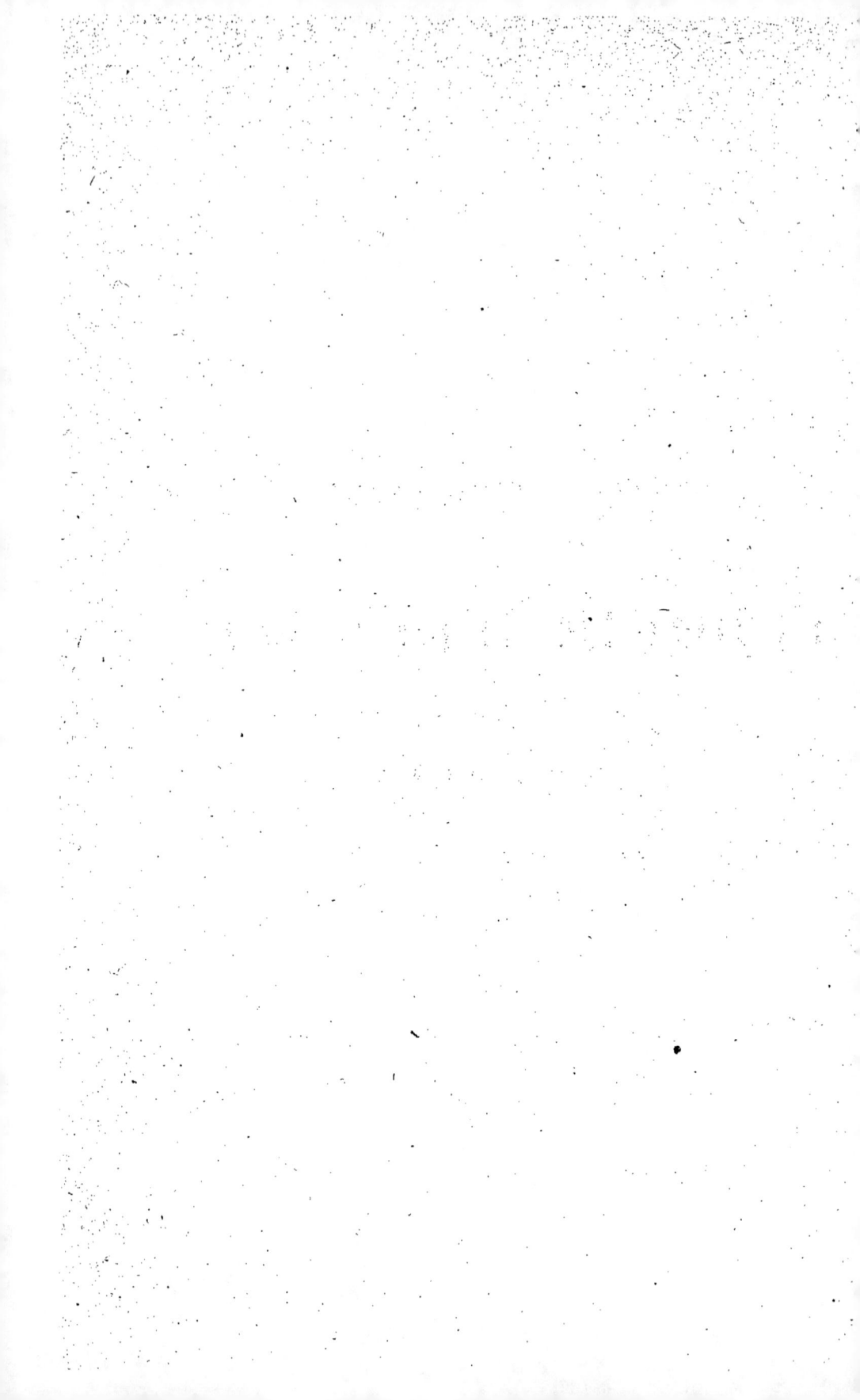

CARTE ETHNOLOGIQUE

DE LA

TURQUIE D'EUROPE

ET DE

LA GRÈCE

CARTE ETHNOLOGIQUE

DE LA

TURQUIE D'EUROPE

ET DE

LA GRÈCE

ET

MÉMOIRE SUR LA RÉPARTITION ACTUELLE DES RACES

DANS LA PÉNINSULE ILLYRIQUE

AVEC TABLEAUX STATISTIQUES

PUBLIÉ A LONDRES PAR EDWARD STANFORD

Traduit de l'anglais

.PRIX : DEUX FRANCS

PARIS

E. DENTU, LIBRAIRE-ÉDITEUR

PALAIS-ROYAL, GALERIE D'ORLÉANS, 15-17-19

1877

MÉMOIRE

SUR LA

RÉPARTITION DES RACES

DANS LA PÉNINSULE ILLYRIQUE

AVEC TABLEAUX STATISTIQUES

PREMIÈRE PARTIE

RACES

Les nations et les races diverses qui peuplent la Turquie d'Europe et la partie occidentale de l'Asie-Mineure sont : les Roumains, les Serbes, les Bulgares, les Albanais (Guègues et Toschkes), les Gréco-Valaques, les Grecs, les Turcs, les Juifs, les Bohémiens ou Tziganes, les Arméniens, les Tartares, les Circassiens. Tous ces peuples se distinguent plus ou moins par des diversités d'origine, de langage, de caractère national, d'état politique et social, de développement intellectuel et de croyance religieuse.

A ce dernier point de vue, il faut distinguer les mahométans, les chrétiens orthodoxes, les catholiques

1

romains, les Arméniens grégoriens, les Grecs-unis, les israélites et les païens.

A part le judaïsme et le paganisme, nulle autre croyance ne peut être considérée comme exclusivement propre à aucune race, ou même comme prédominante dans aucune province.

La langue elle-même n'est, le plus souvent, qu'une indication trompeuse; car, ainsi qu'on le verra plus loin, des influences diverses, fruit des vicissitudes politiques, ont imposé, soit complétement, soit partiellement, une langue étrangère dans des contrées où les mœurs, les traditions, la religion et les sympathies du peuple, se rattachent encore à sa nationalité originelle.

Ce serait donc, dans de pareilles conditions, une tâche ingrate, pour ne pas dire impossible, que de vouloir représenter graphiquement la répartition et le mélange des races, des langues et des croyances dans l'empire ottoman.

Pour qu'une carte ethnologique de ces régions soit pratiquement utile, elle doit se borner à présenter, dans leurs vraies proportions, les relations actuellement existantes entre les différentes races, sans jamais perdre de vue, cependant, les masses indigènes qui occupent d'une manière continue les grands territoires et qui, malgré certaines diversités superficielles, forment de véritables corps fortement constitués.

Les petites nationalités d'origine étrangère, éparpillées parmi les indigènes, ne forment qu'une minime portion de la population totale; quel que puisse être le remaniement réservé à la Turquie européenne, elles sont destinées à être absorbées politiquement par les éléments prédominants, bien que, socialement, elles puissent conserver leur individualité nationale ; de telles fractions peuvent, tout au plus, figurer dans un relevé statistique. Tels sont les Arméniens, les Juifs, les Bohémiens, les Tartares et les Circassiens.

Les ARMÉNIENS qui, depuis des temps reculés, n'ont cessé de suivre pas à pas la conquête ottomane, ont émigré par masses considérables dans l'Europe orientale. Beaucoup s'y sont constitués en communautés permanentes ; d'autres y résident temporairement, pour rentrer dans leurs foyers asiatiques dès qu'ils auront amassé de quoi vivre. Ainsi, leurs aspirations nationales ne se portent vers aucune province européenne. Leur constitution locale se règle suivant les deux sectes religieuses entre lesquelles ils sont divisés.

Parmi les JUIFS, ceux qui viennent de la Pologne et qui, installés dans les principautés danubiennes, y forment des communautés numériquement considérables, parlent un jargon allemand mêlé de polonais et d'hébreu. Les Juifs dispersés dans les autres parties de l'Empire sont venus d'Espagne, lorsqu'ils furent chassés de ce pays par les décrets de l'Inquisition et l'édit de Ferdinand et d'Isabelle, promulgué en mars 1492. Ils parlent un espagnol corrompu ; ils font leur correspondance en hébreu et parlent aussi la langue du pays qu'ils habitent.

Les BOHÉMIENS, ou Tchinguianés (1), mènent en Turquie la même vie vagabonde que dans le reste de l'Europe.

L'émigration des TARTARES en Roumélie date princi-

---

(1) *Études sur les Tchinguianés ou Bohémiens de l'empire ottoman*, par Alex. G. Paspati. Constantinople, 1870.

palement de la conquête de la Crimée par les Russes,
et elle a continué après la guerre de 1854.

Les Circassiens enfin, dont les récents événements
nous ont montré, par de notoires exemples, les façons
d'agir, ont émigré du Caucase dans la Turquie d'Europe ; chassés par les Russes des fortes positions qu'ils
occupaient dans leurs montagnes, ils ont préféré aban-
donner leur pays natal en 1864 (1).

La position des « Gréco-Valaques » ou *Coutzovalaques*
diffère, à plus d'un point de vue, de celle des races
susmentionnées. Ils ne sont que les débris d'une ancienne émigration, venue des pays danubiens. Les uns
se sont établis en corps dans les villages de la chaîne
du Pinde, qui s'étend jusqu'aux frontières du royaume
hellénique ; les autres se sont mêlés avec les Grecs de
l'Épire, de la Thessalie et d'une petite portion de la
Macédoine. Les historiens byzantins (2) attribuent cette
émigration vers le sud des tribus nomades de la Valachie, pendant les onzième et douzième siècles, soit à
de nouvelles incursions du nord, soit à leurs habitudes
de pasteurs nomades. Le fait est qu'aujourd'hui encore
le nom de « Vlachos », en Grèce, est synonyme de ber-
ger ; état auquel ils sont exclusivement voués dans tous
leurs quartiers d'été et d'hiver, comme le constate sir
Henry Holland dans ses *Travels in Albania.* (London,
1819, t. I, p. 133.)

Cependant, l'influence de l'élément grec dont ils
étaient environnés a graduellement agi, et d'une ma-

_____

(1) Documents concernant l'établissement des Circassiens émigrants
en Turquie, présentés à la Chambre des Lords en 1864.

(2) Nicétas, *Annales. Alex. Comnène et Baldwin.* — Pachymère, dans
l'Histoire d'Andronique, Anna Comnène, etc.

nière efficace. Bientôt le sang grec (1) s'est largement
mêlé au leur ; la communauté de la religion leur a fait
adopter la langue hellénique dans leurs églises et leurs
écoles, dans leur correspondance et leurs relations les
plus importantes. Leur propre dialecte, un idiome latin
corrompu (2) et à moitié grécisé, n'est plus parlé que
par les femmes dans les hameaux les plus reculés. Les
hommes des villages et la population valaque des villes
parlent généralement grec. Au surplus, ils sont animés
des mêmes aspirations et des mêmes sympathies que les
Grecs, avec lesquels ils ont, en toutes circonstances,
confondu leur sort. Beaucoup des principaux habitants
de Metzovo, la ville coutzovalaque par excellence, les
Tossitza, les Stournaris, les Avérof et autres, ayant
prospéré dans le commerce, ont entièrement consacré
leur fortune à la fondation et à la dotation d'écoles et
autres établissements philanthropiques en Grèce. De
sorte que cette population, qui compte à peine
30,000 âmes (M. Finlay portait, il y a quelques années,
leur nombre à 50,000), forme, à tous les points de vue,
un seul et même corps avec les Grecs, bien mieux que
les Gallois avec la nation anglaise.

Revenant aux masses plus compactes, nous trouvons
les ROUMAINS (3) et les SERBES qui occupent des terri-

(1) Ce mélange de races est désigné par le nom sous lequel ils sont
connus chez les Grecs de ces contrées : « Coutzovalaques », signifie
Valaques *boiteux*, c'est-à-dire bâtards. Quant à l'appellation de
« Zingars » qui leur est donnée par les Slaves, elle est peut-être due
à leur vie nomade, peu différente de celle des Bohémiens.

(2) Un vocabulaire valaque a, pour la première fois, été imprimé
à Vienne, en 1770, et réédité par Thunmann.

(3) Telle est l'appellation nationale officiellement naguère adoptée
par les Valaques. *Valach* ou *Vlak* est le nom donné par les Slaves aux
Roumains et aux Italiens, ce qui est très-rapproché de celui de Welsh

toires nettement délimités. Les premiers sont amalgamés
avec de nombreuses colonies grecques tout le long du Danube ; les seconds renferment une émigration roumaine de 150,000 âmes, établie dans la portion de la
Serbie comprise entre le Danube et la Morava. Ceux-ci,
différents en cela des Gréco-Valaques, conservent une
existence nationale particulière. Au surplus, les Roumains ont envoyé des colonies, vers le sud, en Bulgarie, et les Serbes, dans le pays des Albanais Guègues.
Ces colonies sont indiquées sur la carte qui accom-
pagne ce travail par des lignes transversales de la
même couleur que les grands territoires dont provien-
nent ces colonies.

La répartition des populations turque, albanaise,
bulgare et grecque, est un sujet qui demande une in-
vestigation approfondie.

Les Turcs (1), *d'origine ottomane,* n'habitent en masse,

---

ou Velsh, appliqué par les Anglo-Saxons aux provinces romaines de
la Grande-Bretagne. Quant à la langue des *Roumains,* elle n'est qu'un
mélange de latin et de slavon, corrompus, dans lequel on a récemment introduit un élément très-important d'*argot* français.

Nous croyons à propos de citer les remarques suivantes d'un tou-
riste, bon observateur : « Il n'est pas sans intérêt de remarquer que
la Bible était inconnue à ces pays jusqu'en 1775, époque à laquelle
un hospodar grec, Constantin Mavrocordato, ordonna l'impression en
valaque de l'Ancien et du Nouveau Testament. Mais avant tout, il lui
fallut inventer des caractères composés de slavon et de grec; car, jusqu'alors, le patois du pays n'avait pas été écrit, et le peu de documents publics, nécessairement confiés au papier, étaient écrit avec l'al-
phabet slavon, peu approprié cependant au langage auquel il était
ainsi arbitrairement appliqué. — C. B. Elliot, *Travels in the Three Great
Empires.* London, 1838, vol. I, p. 159.

(1) Les Turcs s'appellent eux-mêmes *Osmanlis* ou *Ottomans,* du nom
d'Osman ou Othman, fondateur de la dynastie encore régnante.

« Le Turc d'Europe refuse absolument au Turc d'Asie le nom d'Osmanli; ..... et cela, par le motif que le plus infime musulman euro-

que la partie inférieure de l'Asie-Mineure. Dans la Turquie d'Europe, ils occupent par groupes les plus riches vallées de la péninsule des Balkans, et spécialement en Bulgarie, en Thrace, en Macédoine et en Thessalie. Dans les villes, ils se trouvent invariablement mêlés avec d'autres nationalités, et constituent, presque partout, la minorité de la population. Une « ville turque », exclusivement habitée par des musulmans, est chose introuvable dans la Turquie européenne. Dans les campagnes, les Turcs habitent les villages, souvent en commun avec des chrétiens, parfois exclusivement, mais toujours au centre d'une population à laquelle ils sont étrangers.

Les Turcs, sans exception, appartiennent à la croyance musulmane. Il n'est point d'exemple qu'un groupe de Turcs (ottomans), fût-il très-petit, ait embrassé une autre religion que l'islamisme. Il est cependant digne de remarque que certains ethnographes, et des plus distingués, trompés par une induction tirée du langage, ont compris dans la race turque — surtout en Asie-Mineure — des peuples chrétiens qui cependant se servent de la langue hellénique dans leurs rites religieux, dans leurs écoles et dans leurs relations offi-

péen a eu rarement, au moins jusque dans ces derniers temps, l'occasion d'être autre chose qu'un soldat, tandis qu'en Asie, faute d'une population de raïas, les mahométans sont forcés de mettre la main à la charrue : *« Bine Turcs, bir troup; yazik troup! »* (Mille Turcs pour un radis; pauvre radis!) (radis est ici pour une chose de rien); ainsi s'exprime l'*Osmanli* européen au sujet du Turc asiatique. » — (Adolphe Slade, *Records of Travel*, London, 1853, vol. II, p. 287.)

« Appeler Turc un Osmànli, c'est lui adresser une grossière injure, car il se pique d'urbanité, de culture et de finesse d'esprit, enfin, de savoir-vivre, et le mot *turc* emporte avec soi une idée toute contraire. » — J.-M. Jouannin, *Turquie*, Paris, 1840, p. 9.

cielles. Ces peuples ont été supposés d'origine turque uniquement parce que, durant une époque d'ignorance et de ténèbres, universelle en Orient, se trouvant privés de tout contact avec l'Europe, et sous l'influence exclusive de l'invasion asiatique, ils ont dû adopter peu à peu l'idiome du vainqueur dans leurs relations avec les Turcs. Si ces populations sont de race turque, comment se fait-il que, dans le vrai pays de mahométisme — l'Asie-Mineure — les conquérants aient permis à leurs nationaux, par une condescendance sans exemple, une telle désertion de la foi nationale, la conversion au christianisme et l'adoption partielle de la langue hellénique? Pareil événement aurait été un fait historique de la plus haute importance; une semblable hypothèse, en faveur de laquelle rien ne milite, est un contre-sens historique qu'on ne saurait accepter.

C'est, bien au contraire, un mouvement inverse qui s'est opéré, comme nous en avons le témoignage dans l'histoire du passé, dans celle même de nos jours. Non-seulement des individus isolés, mais des masses entières, appartenant à d'autres populations que les Turcs, ont embrassé l'islamisme, soit pour échapper aux mesures oppressives infligées aux vaincus, soit pour obtenir les priviléges de la caste conquérante qui domine, comme on sait, non en vertu du mérite de la race, mais par l'autorité du Coran.

C'est ainsi qu'il existe en Europe des musulmans en nombre considérable qui ne sont pas Turcs de race; tels sont les Bosniens et les Herzégoviniens mahométans, d'origine serbe; les *Pomacs*, en Bulgarie, issus de l'élément dinigène, et quelques-uns des *vrais-croyants*, en Macédoine, surnommés *Vallahadès*, du mot turc « V'Allahâ! » (je jure par Dieu), surnom qui les distingue de leurs frères les Grecs chrétiens, avec lesquels ils ont une commune origine nationale, et dont ils parlent la langue à l'exclusion de toute autre (1).

Pareille défection eut lieu en Albanie, où nombre de Guègues et de Toschkes ont adopté l'islamisme, sans rien perdre de leur caractère national (2); et enfin, en Crète et dans un petit nombre d'autres îles où le mahométisme a prévalu, tantôt dans la conviction sincère des nouveaux convertis, et tantôt seulement comme une sauvegarde extérieure contre l'oppression.

(1) L'histoire de ces « *v'Allaha* » est assez curieuse. Il n'y a pas encore deux cents ans, leurs pères étaient chrétiens; écrasés d'impôts, attaqués dans leur honneur, harcelés sans cesse par des actes d'horrible cruauté, ils se sont vus forcés d'embrasser la religion de Mahomet. Leurs descendants ont pourtant conservé l'usage de la langue grecque, qui était celle de leurs ancêtres, ainsi que leurs mœurs et leurs usages originaires; leurs serments les plus sacrés sont les serments des chrétiens. « Par la sainte Vierge! » répondit un d'entre eux à quelqu'un qui voulait avoir des informations sur sa religion, « par la sainte Vierge, je suis musulman! » Les imams même des « *v'Allaha* » ne sont pas plus avancés que leurs ouailles; et quand ils montent aux minarets pour annoncer aux fidèles l'heure de la prière, au lieu de la formule ordinaire qu'ils ignorent : « Il n'y a de Dieu que Dieu! Mahomet est le prophète de Dieu, » ils se mettent à crier en grec de toute la force de leurs poumons : « Midi, midi, midi! » ou bien : « Soir, soir, soir! » Ils font souvent maigre avec les chrétiens, aimant ceux-ci et haïssant les musulmans; le seul mot turc qu'ils aient appris est le mot « *v'Allaha* », ce qu'ils signifient *par Dieu*. De là vient leur dénomination. Ils habitent Anassélitza et Grévena, et sont au nombre de 20 à 25,000 âmes. — *Le Spectateur de l'Orient*, mai 1854, p. 209.

(2) « Leur pays est si montagneux et si inaccessible, qu'ils (les Albanais) n'ont jamais été conquis par les Turcs. Comment sont-ils devenus mahométans? Ils ne le savent pas eux-mêmes d'une façon exacte. Beaucoup prétendent qu'à la première invasion de leur pays par les Turcs, un traité de paix leur imposa le mahométisme comme rançon de leur indépendance. Ces renégats ne parlent que grec; ils considè-

Ceci explique pourquoi notre carte montre les agglo-
mérations turco-musulmanes éparpillées sur les territoires qu'elles occupent. C'est bien là, en effet, l'es-

rent les Turcs et les autres Albanais comme des gens efféminés et les
méprisent souverainement... Cependant, il y a parmi les Paramathiens
grand nombre de Grecs chrétiens, et tous vivent de la même manière.
Ceux qui professent l'islamisme ne savent que peu de chose de leur
religion, ou s'en soucient peu ; leurs femmes ne sont pas voilées ; ils
boivent du vin (publiquement) et s'allient par des mariages mixtes
avec les chrétiens. Il est vrai, cependant, qu'ils refusent de manger
du porc ; mais, si le mari et la femme sont de religions différentes, ils
n'ont aucun scrupule de faire cuire, dans le même pot, un morceau de
porc et un morceau de mouton. » — W. Eton, *A survey of the Turkish
Empire*, 3e édition, p. 369.

« Les Albanais, dont les descendants embrassèrent l'islamisme, uniquement pour se soustraire au malheur plus grand encore d'une pros-
cription générale, n'observent qu'avec négligence les pratiques de leur
religion et sont inconstants dans leur croyance. Des mahométans pro-
fès m'ont avoué des miracles de saints, opérés en faveur des chrétiens
qui priaient pour l'indépendance de leur pays envahi par les Turcs. »
— Th. Thornton, *The present state of Turkey*, 2e éd., vol. II, p. 346.

« Plusieurs sont devenus musulmans ; d'autres font semblant de
l'être, afin d'échapper au tribut ; mais le gros de la nation est chré-
tien. » — W. F. Wingfield, *A Tour in Dalmatia, Albania and Montenegro*. London, 1859, p. 15. Voir aussi pages 149 et 163.

« Les Albanais musulmans sont encore plus hostiles aux Turcs que
leurs frères chrétiens, et c'est d'eux que sont toujours venues les révol-
tes qui ont si souvent ébranlé la puissance ottomane. Cette circonstance
cesse de paraître surprenante lorsqu'on connaît la nature de leur foi religieuse. Bien que convertis à l'islamisme, ils ne sont guère meilleurs
musulmans que les Circassiens, et un changement de circonstances
amènerait probablement de leur part un nouveau changement de religion. L'islamisme de la plupart d'entre eux est un simple déisme,
mêlé d'une foule de pratiques chrétiennes et appuyé sur une espèce
de franc-maçonnerie. Ils jurent plus fréquemment par le nom du
Christ que par celui de Mahomet, et il est assez étrange d'entendre à
tout propos les mots grecs de *ma ton Christon* dans la bouche de gens
qui se disent sectateurs du prophète. Tout cela nous explique leur peu
d'éloignement pour les chrétiens, et leur disposition à se joindre à
eux pour se soustraire au joug ottoman. » — Henry Mathieu, *La
Turquie et ses différents peuples*, Paris, 1857, vol. II, p. 125.

pèce d'établissement auquel on doit s'attendre de la part d'une race conquérante qui, livrée à la passion des armes et n'ayant aucun goût pour l'agriculture et le commerce, n'a pu absorber la population indigène ni s'étendre d'une manière continue sur de vastes étendues de territoire.

Elle a donc été contrainte d'occuper des points stratégiques importants au milieu des nations subjuguées, de façon à les maintenir dans l'obéissance, et elle les a ainsi obligées à tourner exclusivement leur activité vers le commerce, l'industrie et les travaux littéraires, éléments indispensables à toute vie sociale.

Avant la guerre de l'indépendance hellénique, 50,000 à 66,000 Turcs habitaient le royaume actuel de Grèce, dans les conditions que nous venons de dire. Après la lutte dévastatrice de sept ans, ils ont tous quitté le pays, hormis une petite communauté musulmane qui habite le côté méridional de l'île d'Eubée Elle est indiquée sur notre carte.

Les ALBANAIS, *Skipitars* ou *Arnaoutes* (1), sont les des-

---

(1) Ce sont les historiens byzantins qui ont, pour la première fois, parlé des Albanais ; et il est à remarquer qu'Anna Comnène les appelle « Arvanites », nom le plus en usage aujourd'hui en Grèce. Cependant il y a des raisons de croire que l'origine de cette appellation dérive du mont *Albanus* et d'*Albanopolis* de Ptolémée (Géog. III, 13), actuellement nommée *Albassano* par les Italiens, *Elbassan* par les Turcs ; et que le nom de l'île illyrienne d'Arba ou Arva, mentionné par Pline, indique la même racine. L'appellation la plus commune parmi les Albanais eux-mêmes : *Schkipéria*, peut aussi remonter à la ville dardanienne de *Scoupi* (en turc, Uskudra ; en serbe, *Scadar* ; en italien, *Scoutari*, communément |*Scodra*), mentionnée par Ptolémée, et aux cités de *Scépon* et de *Scapta* comprises dans le catalogue de Hiéroclès. La racine de ce dernier nom signifie « rocher » ou « montagne » ; de façon que *Skipitar* ou *Sehkipitar* correspond à montagnard. Le mot *Arnaout* est une corruption turque de « Arvanite ».

cendants et les représentants des anciens aborigènes
pélasgiques de l'Illyricum (ancienne Illyrie) ; ce qui re-
vient à dire, qu'ils ont avec les Grecs une première
origine commune. C'est maintenant un fait clairement
établi, non-seulement par l'étude du dialecte albanais
que la philologie comparée nous montre comme une
autre forme de la langue hellénique (1), mais encore
par le caractère national des Albanais en tout conforme
à celui des Grecs (2). Il faut cependant remarquer que

(1) Leake, *Researches in Greece*, II. I.
Ritter von Xylander, *Die Sprache der Albanesen oder Schipitaren*,
Frankfort a. M. 1835. — J. G. von Hahn, *Albanesische Studien*.
Vienne, 1854.
La langue albanaise s'écrit avec des caractères grecs. La première
traduction en albanais de la Bible fut publiée ainsi à Corfou, en 1830.
Voir S. S. Wilson, *A narrative of the Greek mission*. London, 1839,
p. 484 et 581-3.
De fait, la langue albanaise se rapproche beaucoup plus du grec
que le celtique de l'anglais, ou le basque et le flamand du français. Il
est peu d'Albanais qui ne parlent grec ; c'est leur seul *medium* pour
les relations intellectuelles et commerciales.
(2) « Les Albanais ou Arnaoutes m'ont fortement étonné par leur
ressemblance avec les Montagnards (Highlanders) de l'Écosse, sous le
rapport de l'habillement, de la démarche et de la manière de vivre.
Leurs montagnes mêmes me semblaient calédoniennes sous un climat
plus doux. La jupe (*kilt*), quoiqu'elle soit blanche, la taille svelte, la
vivacité des mouvements, la résonnance celtique du dialecte, la har-
diesse des habitudes, tout cela me ramenait à Morven. » Lord
Byron.
« Elle (l'Albanie) est la Calédonie de la Grèce. » S. S. Wilson.
« La race albanaise, dit M. Gordon, a la plus grande affinité avec la
race grecque et tend à se fondre avec elle. De nombreux villages
albanais occupent, en effet, la Macédoine et la Thrace, ou sont dissé-
minés dans les différentes provinces du royaume de Grèce, et jamais
le moindre dissentiment ne s'élève entre eux et les Grecs proprement
dits. La fameuse tribu des Souliotes, qui a pris une part si active et si
glorieuse à la lutte de l'émancipation grecque, est elle-même de pure
race albanaise. On voit également beaucoup de Grecs parmi les Albanais, et les nuances qui distinguent encore ces deux rameaux d'une

les deux branches principales qui subdivisent cette race offrent plusieurs points de dissemblance. La branche du nord, les *Guègues,* s'étend, des frontières montagneuses de Monténégro et de la Vieille Serbie, jusqu'à la rivière de Scombi (Génésus). Cette rivière les sépare des Albanais méridionaux ou *Toschkes,* qui s'avancent jusque dans l'Épire, province dont le peu d'habitants albanais appartiennent à cette dernière branche.

Les différences qui distinguent ces deux branches de la famille albanaise ont beaucoup d'analogie avec celles qui caractérisaient dans l'antiquité les Doriens et les Ioniens ; elles se manifestent non-seulement dans leurs dialectes particuliers, mais aussi dans leur nature morale.

Les Guègues sont d'un tempérament lourd, grave et ferme ; les Toschkes sont enjoués, gais et spirituels, mais peu sûrs. La différence des dialectes est si considérable, que souvent Guègues et Toschkes ne peuvent se comprendre, même dans leurs relations ordinaires ; et cet inconvénient est souvent aggravé par les différends religieux entre mahométans et chrétiens.

En 1431, le sultan Amurat ou Mourat conquit l'Épire et l'Albanie, et, enflammé de l'esprit de prosélytisme, signifia aux vaincus d'avoir à embrasser la religion de

même souche, s'effacent chaque jour par les alliances qu'ils contractent. » Henri Mathieu, *La Turquie et ses différents peuples,* vol. II. p. 125.

« Les Albanais du sud tendent à se confondre avec la Grèce. Le cours naturel des événements a déjà presque réuni l'Épire à la Thessalie et à la Macédoine ; ces trois provinces, qui ont une histoire commune, ne forment plus qu'un seul corps moral, industriel et administratif. » Cyprien Robert, *Revue des Deux Mondes,* tome XXXI, p. 405.

Mahomet. Les habitants des plaines, pour des raisons
que nous avons déjà mentionnées, abjurèrent leur foi ;
mais chez les Mirídites (de la tribu des Guègues) dans
les districts les plus montagneux, le culte catholique
s'est maintenu ; il compte aujourd'hui, selon Hahn,
près de 100,000 fidèles.

Une autre partie de la population se réfugia dans les
montagnes de Khimara, de Souli et de Parga, pays où la
religion orthodoxe et la nationalité grecque se sont
perpétuées, grâce à une longue succession d'exploits
héroïques.

Les guerres de George Castriote, connu des Turcs
sous le nom de Skanderbeg, eurent pour conséquence
l'expatriation d'une nombreuse population gréco-alba-
naise, qui s'établit sur la côte opposée de la Calabre et
en Sicile. Ces colonies conservent encore leur idiome
gréco-albanais, et comptent, selon Brunelli et Hahn
(*Alban. Stud.* p. 14 et 31), 86,000 âmes.

Une autre émigration, très-importante, se dirigea au
sud et se fixa en Eubée, en Attique, en Argolide et
dans les îles avoisinantes. Nous lisons dans Tournefort
que Marc Sanudo, duc de Nio (Ios), une des petites îles
de l'Archipel, envoya chercher des familles albanaises
pour cultiver ses petits domaines, qu'avaient presque
dépeuplés la guerre et la famine.

Une troisième mais moins importante émigration
albanaise eut lieu en 1770, quand les Turcs dévastè=
rent la Morée, après la démonstration des Russes, sous le
commandement d'Orloff. Ces colonies ont aujourd'hui
perdu tout caractère d'élément étranger ; dans le cours
des trente dernières années, elles ont été complétement
hellénisées et pour le langage et pour les idées. Nous

les avons néanmoins indiquées sur notre carte. Il en est de même de la presque-totalité des chrétiens orthodoxes de l'Albanie méridionale et de l'Épire (1).

En effet, les guerres d'Ali-Pacha de Janina, et par suite l'insurrection des Khimariotes (de la tribu des *Liapes*) et des Souliotes (de la tribu des *Tchames*), ont fourni à la guerre de l'indépendance hellénique des chefs militaires profondément dévoués et hautement distingués ; tels que les Botzaris, les Djavelas, les Dracos, etc. La Grèce doit aussi aux îles, également hellénisées, d'Hydra et de Spetzia, ses Miaoulis, ses Tombazis, ses Kriézis, et d'autres marins héroïques.

Les BULGARES sont un peuple mixte, formé par la fusion de Mongols et de Huns, et qui a beaucoup de sang tartare dans les veines. Ainsi mélangés, les Bulgares ont constitué une race à part. Ils se frayèrent un chemin vers le Danube, quittant leurs premiers établissements sur le Don et sur le Volga (d'où leur nom de *Bolgares*, *Boulgares*, Βούλγαροι) et chassèrent devant eux les Slaves vers le sud-ouest. Tel est l'historique de leur origine et de leurs progrès, adopté par le grand ethnographe panslaviste Schaffarik (*Slavische Alterthümer*, I. 5, II. 29), qui traite les Bulgares, les Avares, etc., de *Bastardvölker* (peuples bâtards), et qui, dans « l'incontestable témoignage du langage », voit la preuve que les Bulgares ne sont point d'origine slave.

Une autre preuve évidente de ce fait résulte de la répartition ethnologique des races en Europe, où nous voyons les Slaves s'étendant sur une ligne non interrompue, de la mer Blanche aux côtes occidentales

---

(1) Ἀραβαντινὸς—Χρονογραφία τῆς Ἠπείρου. Athènes, 1856.

de l'Adriatique. C'est donc seulement depuis peu que les Bulgares ont été revendiqués comme appartenant à la grande famille des Slaves, et cela malgré la solution de continuité produite entre les Slaves et eux par l'interposition d'un grand territoire qu'habite une race foncièrement différente : la race roumaine.

Il est vrai que les Bulgares, en contact immédiat avec l'élément slave, durant leur passage à travers la péninsule des Balkans, ont admis dans leur dialecte, si différent du slave, une grande proportion de mots de cette langue. Mais le bulgare s'est aussi imprégné de turc ; par le même procédé, les Slaves de Turquie ont de leur côté adopté bien des mots bulgares, dont les racines ne se trouvent point dans la langue slavonne. C'est donc bien à tort qu'à propos des Bulgares on a parlé de « Slaves hellénisés » dans la partie méridionale de la presqu'île des Balkans.

Il est hors de doute que, dès leur première installation au sud du Danube, au septième siècle, les Bulgares ont, presque annuellement, fait des incursions dans l'Illyrie. Ils ont détruit des villes, sont venus jusqu'aux portes mêmes de Constantinople, et ont poussé leurs dévastations au sud, jusque dans le Péloponnèse. Mais, comme tant d'autres hordes d'envahisseurs au moyen âge, ils furent repoussés et se retirèrent, ne laissant après eux que des colonies sans importance, qui ne tardèrent pas à être absorbées par l'élément indigène, plus robuste et plus civilisé. Les traces de ces colonies ne se rencontrent plus que dans des noms géographiques, étrangers et aujourd'hui hors d'usage.

La seule région occupée sans conteste par les Bulgares, en Europe, a toujours été le territoire compris entre le Danube et les Balkans ; c'est-à-dire, l'ancienne province romaine de Mœsie-Inférieure, dont les premiers habitants connus furent les Gètes (Getæ). Là, les Bulgares, « avant la fin du neuvième siècle, ont commencé à se civiliser, grâce à leurs rapports paisibles avec les Grecs, grâce à la possession d'une région cultivée, et à l'introduction de la religion chrétienne » (1), qui leur fut prêchée par saint Cyrille et Methodius, deux moines grecs, qui, cependant, non moins qu'Alexandre le Grand et les Bulgares eux-mêmes, se sont vu proclamer membres de la « grande famille slave ».

La contrée située au nord des Balkans fournit mille témoignages de la longue et permanente occupation des Bulgares ; quant au sud de cette région et de la chaîne du Scardus, c'est-à-dire, dans la partie septentrionale de la Thrace et de la Macédoine, jamais, dans le courant des sept derniers siècles, les Bulgares ne s'y sont établis d'une manière permanente et n'y ont formé des colonies de quelque importance. Dans les cas peu nombreux où ils parvinrent à prendre pied dans le pays, ils choisirent toujours la plaine campagne, comme étant plus favorable à la vie nomade (2) ; et c'est pourquoi

---

(1) Gibbon, *Decline and fall*, chap. I. IV.

(2) « Il semble, d'après Hérodote (IV, 108-9), que ce fut un caractère distinctif des anciens Slaves (?) de n'habiter que la campagne, tandis que des races plus entreprenantes possédaient les villes, particulièrement celles du littoral, siége de leurs spéculations commerciales. Il nous dit que, de son temps, les Gélons (peuple mixte d'origine scythe et grecque, mais dont la culture, indiquée par ses temples et ses rites, dérivait de la Grèce) habitaient une ville située au nord de la mer d'Azof, au milieu des Budini qui indubitablement étaient Slaves, à en juger par leur position géographique et même par leur nom. « Budin » est encore un nom commun parmi les familles Wandes. » (W. F. Wingfield's *Dalmatia, Albania and Montenegro,* p. 29.)

2

bien des villages ont aujourd'hui des dénominations bulgares, tandis que *toutes* les villes sont restées grecques. Il faut encore remarquer que la plupart des soi-disant Bulgares de la Thrace et de la Macédoine septentrionales sont de descendance hellénique.

Pendant une période très-obscure de convulsions intérieures et de décadence administrative, les populations mêlées de Grecs et de Bulgares se sont peu à peu fondues en une agrégation nouvelle, ni purement bulgare, ni purement grecque, mais appartenant en commun aux deux races. Ce peuple mixte peut être considéré comme une population *grecque à langage bulgare* (bulgarophones), car il est prouvé, à n'en pas douter, que l'élément grec prédomine dans sa composition. Les traits extérieurs de cette race diffèrent essentiellement de ceux des Bulgares du nord des Balkans. Ceux-ci sont manifestement du type mongol, tandis qu'au sud des Balkans, nous trouvons le type caucasien et très-souvent le type purement grec. Au surplus, leur caractère, leurs coutumes, leurs mœurs sont identiquement les mêmes que ceux des Grecs. Leur costume est entièrement celui des Grecs, tandis que le Bulgare se distingue toujours par son inévitable *potour* (culotte large jusqu'aux genoux et serrée autour des jambes jusqu'au cou-de-pied), et par son bonnet ou *calpak* de forme cylindrique et très-caractéristique, en peau de mouton noire.

Leur langage non-seulement est plus facile et plus doux que celui des Bulgares septentrionaux, mais encore contient-il un mélange considérable de mots grecs, totalement incompréhensibles au Bulgare pur sang (1).

(1) Et ces mots n'ont pas un sens abstrait, mais sont d'un usage

Leurs traditions mêmes sont grecques, et ils n'ont jamais cessé de s'identifier avec la nationalité hellénique, s'appelant « Thraces » et « Macédoniens », mais jamais Bulgares — nom considéré comme un terme d'opprobre (1) — de même que la contrée au sud des Balkans a toujours été connue comme Thrace et Macédoine. Dans leurs églises, dans leurs écoles et dans leur correspondance, ils se servent toujours du grec, qu'ils comprennent et

journalier. Par exemple : argati (ἐργάτης), laboureur ; dikel (δίκελλα), hoyau ; droum (δρόμος), chemin ; anghistra (ἄγκιστρον), crochet ; ephthino (εὐθηνός), bon marché ; édrô (ἁδρός), cher ; zouna (ζώνη), ceinture ; calam (κάλαμος), roseau ; crommit (κρόμμιον), oignon ; lâchna (λάχανα), choux ; myska (μῦς), souris ; pelka (πέλεκυς), hache ; prass (πράσσον), poireau ; synor (σύνορον), limite ; tzevgar (ζεῦγος), joug ; fidia (φυτεία), plantation ; et une foule de verbes, comme : argazovam (ἐργάζομαι), je travaille ; diaconisovam (διακονῶ), je sers ; kalésovam (καλῶ), j'appelle ; orthosovam (ὀρθῶ), je redresse ; témélosovam (θεμελιῶ), je jette des fondements, etc.

Cette influence décidée du grec est générale dans les provinces du nord. Mais les changements sans nombre, les persécutions exercées dans ces contrées et l'état de confusion cahotique qui se produit partout où l'autorité turque domine, ont amené les plus étranges phénomènes dans le mélange des races et dans le changement arbitraire du langage. Dans le village de Rhachitis, par exemple, un peuple, grec pur sang, conservant intacts sa religion, ses traditions, ses mœurs et son caractère, se trouve à ne parler que le turc. Par contre, les habitants de la ville de Mélénicon (Menlik, en turc), ceux du village de Malovo et quelques autres, parlent un grec très-pur, tandis que la population environnante est « bulgarophone ».

(1) M. Cousinery, consul de France pendant plusieurs années, dit dans son très-précieux ouvrage (*Voyage dans la Macédoine*, vol. I, p. 76) : « Les Bulgares se vantent d'être Grecs....., car ils semblent se croire plus distingués lorsqu'ils ont suivi des écoles grecques, et qu'ils y ont acquis des connaissances que la seule éducation bulgare ne peut leur donner. » Chose vraiment étonnante, ces populations thraco-macédoniennes du nord appliquent aux Bulgares purs l'épithète de « Schopidès », de même que les Grecs byzantins les appelaient « Chondroképhali » (χοντροκέφαλοι), c'est-à-dire têtes dures. Dans la bouche de l'Osmanli, le mot « Bulgare » est un terme de mépris (*a term of reproach*).

qu'ils étudient (1). Partout, à de rares exceptions près, ils sont demeurés fidèles à l'Église de Constantinople; et la fameuse « question bulgare », qui, au lieu d'être une satisfaction donnée à des griefs religieux, n'a été en réalité qu'un moyen mis en œuvre par une politique ambitieuse, pour créer aux portes de Constantinople une communauté panslavique, la « question bulgare », disons-nous, a été une tentative manquée du côté sud des Balkans (2). Elle ne pouvait s'y appuyer

(1) « Cette suprématie (des Grecs) dure encore aujourd'hui, au point que partout, en Roumélie et en Bulgarie, les plus riches maisons de commerce, les khans les mieux approvisionnés, les meilleures écoles, sont possédés et dirigés par des Grecs; et c'est une opinion généralement reçue que là où leur influence cesse de se manifester, la barbarie commence. » — Ubicini, *Lettres sur la Turquie*, II, p. 175.

(2) « Excepté la ville de Kirkilissia (*Saranta Ecclissiai*), où il y a environ cent familles bulgares, il ne se trouve pas, entre Constantinople et Andrinople, un seul chef de maison Bulgare ou Slave. Comme population fixe, l'élément slave ne descend guère au-dessous de Philippopoli. En Thrace, entre la capitale et l'Hébros (la Maritza), on trouve des bergers et des laboureurs bulgares; mais ni les uns ni les autres n'amènent avec eux leurs familles, et, en général, ils y descendent au printemps, pour regagner leurs domiciles, près de Philippopoli, en automne.

« Les Grecs remplissent ces grands et populeux villages qui bordent le Bosphore; ils fourmillent dans la capitale, à Sylivrie, à Rodosto, à Tchorlou, à Bourgas, à Démotica et dans toutes les villes situées entre Constantinople et l'Hébros, où nul Slave n'a sa résidence fixe. A Andrinople même qui, en 1848, comptait 80,000 habitants, le nombre des Grecs est de beaucoup supérieur à celui de tous les autres raïas et des Turcs pris ensemble, car il n'existe dans cette ville aucune famille bulgare ou slave quelconque. Toutes les dames *bulgares* que M. Blanqui a vues danser au consulat de France, à Andrinople, étaient grecques; mais ce voyageur, ainsi que son compatriote M. Cyprien Robert, s'était mis à la recherche de Bulgares, en vue de créer une théorie politique, et, en conséquence, déterminé à trouver en tout lieu des Bulgares. Partout où nous avons vu un petit village donnant signe de propreté et de prospérité, c'était un village grec; et partout où nous avons remarqué une pièce de terre suffisamment bien cultivée, le fonds était

ni sur les faits, ni sur les sentiments et les dispositions du peuple. C'est ainsi que les cinquante villages de Sténimachon sont grecs par la prédominance de la langue et grecs aussi par prédilection.

Il en est de même de la plupart des villages du Sandjak de Philippopoli, avec les quarante-cinq villages « *bulgarophones* » de Didymotichon, avec les habitants de langue albanaise de Torik-Tépé et de Siltacca, et avec les villages de Sorif-Khadir de Roufla.

En Macédoine, dans les sandjaks de Salonique, de Cassandra, de Verria et de Serras, comptant ensemble 250,000 âmes, la presque-totalité de la population est grecque. Grecs aussi, à tous les points de vue, sont les habitants du reste de cette province : ceux de Vodena (Edessa) et de Yanitza (en turc, Yénidjé), la majorité de ceux de Doïrani et de Stroumnitza et une partie considérable de ceux d'Avret-Issar, sur la rive droite de l'Axius (Vardar), tous revendiquent la nationalité grecque.

Cette tendance naturelle s'est encore développée et fortifiée par l'existence, dans presque chaque ville et chaque village, d'écoles grecques, dont nous donnons en appendice le tableau statistique ; écoles fondées et entretenues par les habitants eux-mêmes, qui font venir des professeurs grecs, et s'empressent d'envoyer leurs

labouré et moissonné par des Grecs. Je ne sais où M. Layard a pris ses données statistiques, dans un pays où il n'existe point de relevés qui puissent y servir de base, mais (dans la chaleur oratoire, sans doute) il a hardiment affirmé que la population grecque de toute la Turquie européenne n'était que de 1,750,000. Je crois, sans vouloir l'affirmer, qu'en multipliant par deux les chiffres de M. Layard, on approche du vrai nombre de cette population. » — Ch. Mac Farlane, *Kismet; or the doom of Turkey*. London, 1853, p. 393.

enfants apprendre ce qu'ils déclarent être leur langue maternelle.

Ainsi donc, à l'exception de quelques établissements purement bulgares, dans le voisinage immédiat des Balkans, marqués sur notre carte par des lignes transversales, toute la Thrace et toute la Macédoine sont, au point de vue ethnologique, virtuellement grecques. C'est ce que confirment la tradition, le témoignage de l'histoire, et l'état actuel du pays et de sa population (1).

Nous arrivons ainsi à la conclusion que dans l'« immuable Orient », malgré de grandes convulsions et des calamités inénarrables, les relations ethnologiques de ses habitants, en thèse générale, demeurent inaltérées, et que l'élément grec conserve ses traditions dans toutes les contrées helléniques *ab antiquo*.

Toute la côte bulgare de la mer Noire (Eyalet de Touna) est presque exclusivement habitée par des GRECS, qui s'étendent considérablement dans l'intérieur et comptent 60,000 âmes. En descendant plus au sud, nous trouvons l'élément grec avec un certain mélange d'autres races, déjà mentionnées, mais toujours prédominant en nombre, en richesse, en développement intellectuel, sur toute l'étendue de la Thrace et de la Macédoine ; et cette prédominance devient de plus en plus incontestable, à mesure que l'on avance vers la côte.

En Thessalie, le seul élément étranger, les Turcs,

---

(1) *Attention aux Balkans !* Par X***. Bucharest, 1876. Typographie André Ziotti. Traduit en anglais par E. Whitaker, Constantinople, 1876. Londres, M. Street, 30, Cornhill.

Le Congrès de Moscou et la propagande panslaviste, par E. Klaczko, *Revue des Deux Mondes,* 1er septembre 1867.

s'hellénisent de jour en jour (tous les Turcs de Larissa parlent grec), ou bien ils disparaissent peu à peu, comme dans d'autres parties de la Turquie.

Dans l'Épire septentrionale, la force hellénisatrice de l'élément grec est plus sensible que nulle part, peut-être, en Turquie.

La presque-totalité des Albanais méridionaux ont adopté la langue grecque, en unissant leur vie nationale à celle de leurs frères grecs, par les sacrifices accomplis sur les champs de bataille.

La Crète, Samos, Chio, Mitylène et toutes les autres îles sont grecques, jusqu'au dernier habitant. La preuve la plus convaincante de la force résurrectionnelle (*the resuscitating vitality*) de l'hellénisme (1) est la rapide disparition de toutes les traces des invasions barbares, et la fusion d'éléments discordants en un corps national, compacte et homogène, qui s'est produite en Grèce

---

(1) « On est étonné de voir comment, après tant de vicissitudes et de métamorphoses cruelles, les descendants des Hellènes, privés du nom glorieux de leurs ancêtres, froissés par toutes les révolutions qui ont affligé l'Orient, se sont perpétués en corps de nation. Enfin, on est émerveillé de voir avec quelle constante résignation ils ont fait tête à l'oppression, et sont parvenus à conserver leurs mœurs nationales, avec les débris de leur langue harmonieuse..... C'est sous ce point de vue que l'homme sans prévention doit juger les Grecs. » — Pouqueville, *Voyage dans la Grèce*, pages 345-405.

« Qu'on ne s'étonne pas si, au milieu de tant de difficultés et de découragements, et surtout des découragements provenant de leurs propres défauts et de leurs propres vices, ils (les Grecs) conservent la croyance que la rigueur de leurs épreuves n'est véritablement que le présage d'un avenir heureux et illustre, comme la flamme de la fournaise dégage le métal qui doit en sortir. » *The Hellenic factor in the Eastern problem.* Par le Right honorable W. E. Gladstone, *Revue contemporaine*, décembre 1876.

Voir aussi : *Mémoire sur l'état actuel de la civilisation en Grèce*, par Coray.

dans le cours seulement d'une génération depuis la pro-
clamation de l'indépendance.

Aussi, la fameuse théorie de Fallmerayer, sur la trans-
formation de la race hellénique en race slave, s'est-elle
trouvée victorieusement réfutée par des résultats posi-
tifs, aussitôt que les forces naturelles de la nation ont
eu libre carrière ; et, en même temps, des recherches
plus récentes et plus savantes ont fourni pour cette
discussion des preuves plus détaillées (1).

Enfin, la conviction profondément enracinée qu'ont
les Grecs de la continuité virtuelle de leur race, malgré l'absorption de nombreux éléments étrangers,
trouve une nouvelle confirmation dans leur caractère,
leurs mœurs, leurs coutumes, leurs traditions, leur
langue restaurée, enfin dans leurs superstitions même ;
tous ces traits caractéristiques, on peut le dire avec
vérité, sont demeurés immuables depuis les temps ho-
mériques (2).

Il est notoire que les cartes ethnologiques de la
Turquie européenne, publiées jusqu'ici, sont toutes plus
ou moins inspirées par les intérêts que favorisent et
basées sur les renseignements que fournissent les comités panslavistes (3), comités dont le but, relativement

---

(1) Carl Hopf, *Griechenland, geographisch, geschichtlich und culturhis-
torisch, von den ältesten Zeiten bis auf die Gegenwart*, etc. Leipsig, 1870.

(2) Bernard Schmidt, *Das Volksleben der Neugriechen und das helle-
nische Alterthum*. Leipzig, 1871.

(3) « Elle (la politique moscovite) tourna la difficulté assez adroi-
tement, en inondant l'Europe de prétendues cartes ethnologiques qui représentent les Bulgares comme peuplant à eux seuls
toute la contrée qui s'étend depuis le Danube, au Nord, jusqu'à la Méditerranée au Sud, et de fausses statistiques qui évaluent la population
bulgare, tantôt à 5 et tantôt à 6 millions. C'est un panslaviste de re-
nom, M. Schafarik, qui, le premier, traça une carte fantaisiste, qu'on

à la Turquie, est de ranger, par tous les moyens pos-
sibles, dans le domaine slave, tous les pays qui ouvrent
un passage sur la mer Égée, et qui commandent cette
mer.

Le littoral de ces provinces grecques, très-fréquenté
et continuellement décrit par les voyageurs et les con-
suls étrangers, ne pouvait être décemment représenté
comme slave ; c'est pourquoi l'on a consenti à figu-

eut soin de faire éditer, avec des variantes, par divers Allemands, afin
de rendre la chose plus croyable. En un mot, on s'y est si bien pris,
à Moscou et à Saint-Pétersbourg, que la plupart des publicistes et des
hommes d'État, ne trouvant aucune autre indication sous leur main,
puisent leurs renseignements dans ces ouvrages panslavistes. » —
Attention aux Balkans ! Pages 10-11.

— Au moment où il s'est agi de fixer les limites de l'exarchat bulgare, le général Ignatief insista pour qu'elles s'étendissent des deux
côtés des Balkans; et quand il demande à la conférence l'autonomie
administrative pour les provinces slaves (avec l'arrière-pensée de la
convertir, plus tard, en autonomie politique), il s'évertue à *cons-
tater* que l'élément slave prédomine dans toute l'étendue de l'exarchat. C'est dans le même dessein que la carte ethnologique de Schafarik (sur laquelle sont basées celles de Kiepert et de Petermann) a
été dressée ; et c'est à l'aide de cette carte que la Russie s'attache
à démontrer la prépondérance de l'élément slave en Thrace, en Macédoine et dans d'autres districts où, en réalité, l'élément prépondérant
est l'élément grec. » — *Standard*, 10 novembre 1876, correspondance
de Constantinople.

— Kiepert, s'étant aperçu que les données fournies par Aimé Boué
en 1847, et par G. Lejean en 1861, étaient erronées, regretta que des in-
vestigations plus récentes et plus dignes de confiance, accomplies par ce
dernier, n'aient pas été publiées dans un voyage exécuté dans les années
1867 et 1870, par ordre du ministère des affaires étrangères de France.
Kiepert avoua qu'il s'était appuyé, surtout pour la Bulgarie, sur les
ouvrages de Schafarik, Bradaschka, Kanitz et Jirecek, tous panslavistes
avoués et enthousiastes. L'*Histoire des Bulgares* de ce dernier et les
données fournies sans partialité — espérons-le du moins — par le
docteur Yakschity, directeur du bureau statistique à Belgrade, sont
les sources où ont été puisées les informations récemment publiées
par les journaux anglais.

rer sur les cartes comme habitée par des Grecs, une bande étroite, s'étendant vers le nord le long du littoral, aussi loin que les bouches du Danube ; et l'on a pu produire ainsi une fausse impression d'impartialité et de précision scientifique.

Mais, en réalité, le but de ce simulacre d'exactitude est de pouvoir, dans le cas d'un remaniement de territoires, représenter cette bande étroite du littoral comme un débouché nécessaire à une prétendue population slave, habitant l'intérieur du pays, population qui, d'ailleurs, ne serait que l'avant-garde d'une masse septentrionale, toute continentale, bien autrement considérable, et aspirant à la suprématie maritime dans la Méditerranée.

Nous croyons inutile d'insister plus longtemps sur cette partie de la question. Nous devons maintenant procéder à la classification statistique de la population répandue sur ce terrain, objet de tant de controverses. C'est un problème qui appartient essentiellement à notre sujet.

DEUXIEME PARTIE

CLASSIFICATION DE LA POPULATION

Un aperçu sommaire des divisions administratives de la Turquie doit nécessairement précéder une évaluation suffisamment claire de sa population.

Chez les Turcs, la division la plus ancienne et la plus généralement usitée des territoires qu'ils occupent est celle de : Turquie d'Europe et Turquie d'Asie. La première est appelée *Roumélie*, du nom d'*Ouroum* (1) donné par les Turcs aux Grecs, *Romaioi* (Ῥωμαῖοι) du Bas-Empire. La seconde est nommée *Anadolu*, de Ἀνατολή, désignation grecque de la division orientale des possessions byzantines (2). Toutefois le nom de Roumélie s'applique spécialement à la contrée comprise entre les Balkans, la mer Égée, la mer Noire et l'Axius ou Vardar.

La Turquie d'Europe fut tout d'abord divisée en quatorze *éyalets* ou gouvernements, dont : l'*Eflak* (Valachie), le *Bogdan* (Moldavie), le *Sirp* (3) (Serbie), dont

---

(1) L'étymologie complète est *Ouroum-illi* (pays des Grecs), que l'on prononce communément *Ouroumelli*. Note du traducteur.

(2) De là les noms de *Rouméliotes* et d'*Anatolites*.

(3) Les mutilations, les métamorphoses, que les appellations géographiques ont subies dans la Turquie d'Europe, sont tout simplement merveilleuses, et il faut une attention plus qu'ordinaire pour ramener les mots à leur forme originale. Les Turcs ne sont pas possédés de la manie de *rebaptiser* (de donner de nouveaux noms); mais l'euphonie, comme ils l'entendent, et comme leur langue l'exige, a beaucoup con-

les Turcs, avec la suffisance qui les caractérise, se complaisaient à s'adjuger la pleine possession.

En 1869, l'empire a été divisé en *vilayets* (contrées ou territoires), administrés par des *valis* ou gouverneurs généraux, et subdivisés en *sandjaks* (étendards), selon l'ancien usage d'après lequel les terres conquises étaient laissées aux troupes rangées sous la même bannière.

Le sandjak est administré par un gouverneur, *mutessarif* (d'où le nom de *mutessariflik*), et comprend un certain nombre de *casas* (cantons ou districts), administrés par des *caïmacams* ou sous-gouverneurs (d'où, *caïmacamliks*). Les *casas* se composent de plusieurs *nahiyés* (communes), sous l'autorité de fonctionnaires nommés *mudirs* (d'où, *muderliks*).

Constantinople, avec les Iles-des-Princes et avec les villes et villages des deux rives du Bosphore, constitue une division administrative à part, sous la direction immédiate du ministre de la police.

Les vilayets de la Turquie européenne, au nombre de huit, sont :

1° Edirné (Andrinople), à savoir : la Thrace, *Tchirmen* en turc, est compris entre la mer Égée, l'Euxen, les Balkans et la chaîne de Rhodope. La ville d'Andrinople est la résidence du gouverneur général.

2° Touna (Danube), comprend la Bulgarie jusqu'au Timok, avec les districts de Keustendil et de Samacovo ; chef-lieu, Rouctshouk.

3° Bosna (Bosnie et Herzégovine ou *Hersek*, comme les Turcs appellent cette dernière province) s'étend,

---

tribué à transformer les noms, au point de les rendre absolument méconnaissables. Par exemple : Nicomédie, pour les Turcs, c'est *Ismid*.

de la frontière autrichienne, jusqu'aux sources de l'Ibar ; chef-lieu, Bosna-Séraï.

4° PERZÉRIM (Prisrend), comprenant toute l'Albanie septentrionale, jusqu'aux rivières d'Ergent et de Brégalnitza ; chef-lieu, Scutari.

5° SÉLANIQUE (Salonique) ; la Macédoine proprement dite, avec les territoires compris entre les monts Rhodope et Olympe et le lac d'Ochrida ; chef-lieu, Salonique.

6° JANINA (Ioannina), composé de l'Albanie méridionale, de l'Épire et de la Thessalie, depuis l'Ergent, jusqu'à la ville de Cathérina (l'ancienne Hatira), sur le golfe de Salonique ; chef-lieu, Ioannina ou Janina.

7° GUIRIT (Crète), l'île de Candie ; chef-lieu, la Canée.

8° DJÉZAYÉRI-BAHRI-SÉFID (Iles de la Méditerranée), y compris Karpanthos (*Kerpé* en turc), Rhodes (*Radôz*), Cos (*Stankeuï*), Nicaria (*Achikérié*), Chio (*Sakkiz*), Samothraki (*Samandrik*), Mitylène (*Midilli*), Lemnos (*Limni*), Imbros (*Imrôz*), Ténédos (*Bozdja*), et d'autres petites îles ; la résidence du gouverneur est aux Dardanelles.

L'île de Samos (*Soussam-adassi*) est nominalement comprise dans ce vilayet, mais, en fait, c'est une principauté tributaire (un *béylik*).

Chypre (*Kybriz*) forme un vilayet actuellement considéré comme département asiatique, bien que, naguère encore, elle fût classée parmi les possessions européennes de la Porte.

Un des signes les plus caractéristiques de l'état de l'administration ottomane, c'est qu'il n'existe pas dans l'Empire la moindre statistique digne de confiance. Les Turcs ont de tout temps pensé que le résultat vraiment pratique d'un recensement était les lignes de chiffres servant à fixer le montant des taxes et, tout particulièrement, celui de la capitation et de l'impôt personnel ; de là, une double conséquence :

1° La population est officiellement divisée en deux grandes classes : celle des musulmans, et celle des non-musulmans (*ghaïr-muslem*). La classe des non-musulmans est désignée par l'épithète, aussi flatteuse que significative, de *raïas* ou troupeau, appellation qui s'applique indistinctement à tous chrétiens, juifs et bohémiens de l'empire osmanli..

2° Les mâles adultes sont seuls pris en considération dans la « statistique officielle » ; femmes, enfants, bœufs et bêtes de somme constituent, dans leur ensemble, une classe d'êtres de moindre valeur. Un des résultats du système qui rattache le recensement à la levée des taxes, réparties en bloc sur la communauté, est le fait bien connu que mahométans et chrétiens conspirent à l'envi pour cacher au *Deuvlet* les véritables effectifs de leurs communautés respectives. Cet usage, qu'on ne peut révoquer en doute, nous permet d'ajouter foi plutôt aux supputations, réputées exagérées, de l'administration turque, qu'aux estimations des Européens, lesquelles, en général, ne sont basées que sur une appréciation théorique de données erronées.

Les lois qui président aux rapports des importations, des exportations, de la consommation et, en général, de l'activité industrielle d'un pays avec la quotité de sa population, peuvent utilement s'appliquer dans l'Europe occidentale, mais elles sont sans valeur dans un État soumis à des conditions aussi anormales que celles de la Turquie. Il est donc extrêmement difficile d'obte-

nir même une approximation tant soit peu exacte de
la population de la Turquie, comme le prouvent les
conclusions discordantes des divers auteurs sur ce
sujet.

La première tentative d'un dénombrement général
de tout l'Empire a été faite en 1844, lorsque Riza-
pacha, alors ministre de la guerre, réorganisa l'armée,
d'après un nouveau système de recrutement. Selon ce
dénombrement, Constantinople seule avec ses fau-
bourgs comptait 891,000 habitants.

C'est probablement sur ces données que sont basés
les chiffres fournis à M. Ubicini (*Lettres sur la Turquie*,
1854, vol. I, p. 25), par Ahmed-Véfik-Éfendi, qui fut
quelque temps ministre à Téhéran ; la population de la
Turquie d'Europe, avec les États tributaires, y figure
ainsi qu'il suit :

Musulmans	5,910,000
Orthodoxes de l'Église grecque	
(y compris les Arméniens). . .	9,650,000
Catholiques romains	650,000
Juifs	60,000
Bohémiens	80,000
Total.	16,350,000

Mais les chiffres fournis par M. Ubicini lui-même,
sans que la source en soit indiquée, diffèrent essentiellement de ceux qui précèdent. M. Ubicini fait monter
le total de la population à quinze millions et demi, et la
range suivant trois différentes catégories :

1° *D'après les religions.*

Mahométans	4,550,000
Orthodoxes de l'Église grecque .	10,000,000
Catholiques romains.	640,000
Israélites	70,000
Sectes diverses	240,000
Total	15,500,000

2° *D'après les divisions territoriales.*		3° *D'après les races.*	
Thrace.	1,800,000	Ottomans.	2,100,000
Roumélie et Thessalie.	2,700,000	Grecs	1,000,000
Bulgarie.	3,000,000	Arméniens	400,000
Albanie et Épire. . . .	1,200,000	Hébreux.	70,000
Bosnie et Herzégovine.	1,100,000	Slaves.	6,200,000
Valachie.	2,600,000	Roumains.	4,000,000
Moldavie	1,400,000	Albanais	1,500,000
Serbie.	1,000,000	Tartars	16,000
Iles	700,000	Bohémiens	214,000
Total	15,500,000	Total	15,500,000

Un autre ouvrage (1), publié à la même époque, adopte ce même total ; mais il en subdivise le nombre d'après les religions comme ci-dessous :

Musulmans.	3,800,000	Catholiques romains.	260,000
Grecs et Arméniens.	11,370,000	Israélites	70,000

Néanmoins, les chiffres donnés par M. Ubicini, grâce à leur air d'autorité semi-officielle (2), obtinrent une créance d'autant plus étendue, qu'ils coïncidaient de

(1) Ed. W. Michelson, *the Ottoman Empire and its ressources*, 2ᵉ édit. London, 1854.

(2) M. Ubicini était le rédacteur et le gérant du *Moniteur universel* officiel de l'empire ottoman, à Constantinople.

bien près avec les estimations d'Aimé Boué (*la Turquie d'Europe*) qui, écrivant onze ans plus tôt, fait monter la population de la Turquie européenne à 15,413,000 âmes.

Cependant, il y a, entre ces deux estimations, une différence essentielle : dans ce chiffre, M. Boué n'accorde aux « Turcs » que 700,000 âmes, tandis que M. Ubicini porte la race ottomane, en Europe, au triple de ce nombre. Sans parler des conditions dans lesquelles écrivait M. Ubicini, et qui ne peuvent avoir été sans influence sur l'opinion adoptée par lui, nous devons rappeler à nos lecteurs la facilité déjà mentionnée (page 7) avec laquelle tous les musulmans sont généralement pris pour des Turcs. Et, considérant l'épuisement et la décadence qui, depuis le dernier siècle, continuent à se manifester chez les Ottomans, nous ne croyons pas mettre notre évaluation trop bas, en adoptant le chiffre auquel Hammer et d'autres historiens portent le nombre des Turcs immédiatement après la conquête de 1453, c'est-à-dire aux trois quarts d'un million.

Pour ce qui est de la race grecque, on voit tout d'abord, qu'en admettant avec M. Ubicini le chiffre de 700,000 pour les Grecs des îles, il ne resterait pour le reste des Grecs, dans toute la Turquie d'Europe, que le chiffre de 300,000, anomalie dont nous sommes étonnés que M. Ubicini n'ait pas été frappé.

En dépit d'*erreurs* si manifestes, les chiffres de M. Ubicini étaient, naguère encore, considérés comme étant des plus corrects ; et, bien que des données plus récentes aient été, depuis lors, souvent mises à contribution, on a eu le tort de singulièrement négliger un des auteurs les plus consciencieux les plus circonspects, et les mieux renseignés qui ont écrit sur la Turquie. *La Turquie et ses différents peuples* (1857) de M. Henri Mathieu, ouvrage des plus dignes de foi et des plus autorisés, donne les chiffres suivants, comme l'expression approximative de la population de la Turquie d'Europe, non compris les États tributaires :

D'après les provinces.		D'après les religions.	
Thrace	1,900,000	Orthodoxes grecs. . .	5,800,000
Bulgarie.	3,000,000	Arméniens grégoriens	360,000
Bosnie-Herzégovine .	960,000	Catholiques romains.	280,000
Macédoine	1,460,000	Total des chrétiens.	6,440,000
Albanie et Épire. . .	980,000	Musulmans sunni-	
Thessalie	350,000	tes (2). . .	2,080,000
Iles d'Europe (1). . .	250,000	Israélites	300,000
		Bohémiens	80,000
Total	8,900,000	Total.	8,900,000

D'après les races.			
Turcs	1,000,000	Arméniens	400,000
Grecs	2,540,000	Hébreux.	300,000
Bulgares	2,800,000	Tartars	30,000
Albanais	850,000	Bohémiens	80,000
Bosniens	840,000	Levantins.	60,000

En acceptant ces chiffres comme impartiaux, et aussi précis autant que peut l'être un document relatif à la Turquie, nous nous arrêterions ici, si nous ne jugions essentiel de donner les indications suivantes.

(1) M. H. Mathieu évalue le nombre de la population des « Iles Asiatiques » : Rhodes, Chypre, etc., à 300,000 âmes ; celles-ci, ajoutées au chiffre ci-dessus, coïncident presque avec le chiffre donné par M. Ubicini.

(2) M. Henri Mathieu divise les musulmans d'Asie en six sectes : les Sunnites, les Schiites, les Hacamites, les Yésidis, les Vahabites, les Séidiés.

En 1867, Salahéddin-bey, commissaire turc, publia un ouvrage intitulé *la Turquie à l'Exposition universelle*, où nous trouvons ce relevé (p. 210) de la population par divisions administratives :

Vilayet d'Édirné, y compris Constantinople.		3,900,000
— du Danube (Bulgarie).		3,000,000
— de Roumélie, Tricala (Thessalie) et Persérim. .		2,087,000
— de Bosnie.		1,100,000
Eyalet de Janina et Salonique.		2,700,000
— de la Crète et des îles.		700,000
Total.		13,487,000

Ces chiffres, avec leur prétention d'être officiels, ont été reproduits avec empressement dans les gazettes, les almanachs, etc. ; mais pour bientôt faire place à des évaluations encore plus fantaisistes.

E. Behm, et le docteur H. Wagner, dans son manuel : *Die Bevölkerung der Erde* (1) pour 1871, donnent les nombres suivants comme résultat des recherches du major Halle, officier autrichien :

Turquie d'Europe				16,430,000
	Roumanie. .	4,500,000		
États tributaires	Serbie. . . .	1,319,283	. . . . .	5,919,283
	Monténégro.	100,000		
	Total.			22,349,283

Une grande discussion s'étant élevée sur la population attribuée à la Turquie proprement dite, population manifestement exagérée, le major Halle dut diminuer considérablement ses chiffres dans un écrit publié par

(1) Manuel de statistique de grand mérite, publié chaque année comme supplément aux *Mittheilungen* du docteur Petermann, le *Magasin géographique* bien connu de Gotha.

« *l'Autriche* » le 7 juin 1873. Les voici tels qu'ils ont été modifiés :

Constantinople, côté d'Europe	685,000	Vilayet de Janina. . .	1,423,000
Vilayet d'Andrinople.	2,471,000	— de Salonique.	1,237,000
— de Scutari(1).	228,000	— de Bosnie. . .	1,243,000
— de Prisrend. .	676,000	— de Crète. . .	210,000
— du Danube. .	1,647,000	Total	9,790,000

M. Vladimir Yakchity, directeur du bureau statistique de Serbie, prit une grande part à cette discussion, en publiant, aux *Mittheilungen* de 1875 du docteur Petermann, un article, où les nombres qui suivent figurent comme résultant de ses longues correspondances « avec ses amis résidant dans toutes les parties de l'empire ottoman » :

VILAYETS	MUSULMANS	NON-MUSULMANS	POPULATION TOTALE	MILLES ANGLAIS CARRÉS	POPULATION PAR MILLE CARRÉ
Constantinople	183,540	144,210	327,750	25,788	65
Édirné	523,009	831,558	1,354,567		
Touna	819,226	1,175,601	1,994,827	32,655	61
Salonique	429,410	598,731	1,028,141	19,698	52
Janina	250,649	460,601	711,250	13,692	51
Prisrend	789,934	550,537	1,340,471	20,055	66
Bosna	493,148	864,836	1,357,984	23,100	58
Crète	38,000	162,000	200,000	3,276	61
Totaux	3,609,455	4,788,074	8,397,529	138,264	60 (2)

(1) Le vilayet de Scutari a été réuni à celui de Prisrend en octobre 1874.

(2) La moyenne de la population du royaume de Grèce est de

La tendance à abaisser les évaluations primitives a été encore fortifiée par le dernier document ajouté à ces diverses statistiques.

Dans un article publié dans les *Mittheilungen*, n° 7, 1876, F. von Stein, adoptant la même division en musulmans et non-musulmans, fait monter la première catégorie à 3,460,000, et la seconde à 4,513,000, soit pour les huit vilayets, 7,973,000 âmes, soit 424,529 de moins que le chiffre de M. Yakchity.

L'examen critique et la comparaison attentive de tous ces nombres mettent en lumière tant d'omissions, de contradictions et d'exagérations, qu'il nous est impossible d'ajouter aucune espèce de foi aux soi-disant « données officielles », et tout particulièrement à celles qui émanent des mêmes sources que les « cartes ethnologiques » de la Turquie en vogue jusqu'ici. Non-seulement la force relative des diverses nationalités et des diverses croyances est inexactement indiquée, mais encore la densité absolue de la population est déplacée d'une province à l'autre, selon qu'il convient à certains projets politiques, et en même temps d'importantes parties de l'Empire n'obtiennent pas même l'honneur d'une mention.

M. Yakchity estime la population de Constantinople à 327,750 habitants, et, à part la Crète, ne tient compte d'aucune des îles importantes de l'Archipel qui, cependant, forment à elles seules une province. Ce fait seul est suffisant pour invalider les résultats présentés

73 par mille carré ; et il ne faut pas oublier que les masses concentrées dans les grandes villes de Thrace, comme Constantinople, Andrinople, etc., réduisent considérablement la densité moyenne de la population des provinces.

par lui. Mais il y a plus : les vilayets de Prisrend et de Bosnie mis à part, apparemment pour le compte de la Serbie, sont gratifiés de plusieurs centaines de mille d'habitants en plus, au détriment d'autres provinces, moins favorisées par l'auteur.

En cet état des choses, les doutes que nous pouvions concevoir sur l'exactitude de nos propres estimations s'évanouissent devant la criante partialité de presque tous les relevés précédents. C'est un artifice puéril et trop clair que de prétendre donner en détail, avec une exactitude qui s'étend jusqu'aux unités, le chiffre des populations, lorsqu'il s'agit de contrées de l'intérieur, à peine explorées et encore à demi barbares.

Tout ce qu'on peut espérer d'obtenir, et raisonnablement demander, ce sont des chiffres généraux et des nombres ronds, représentant d'une manière suffisamment probable la population existante.

Tel est le principe sur lequel nous avons établi les tableaux suivants. Après les avoir soumis à des épreuves successives et les avoir comparés avec des données empruntées à différentes sources (rapports consulaires, statistiques d'écoles locales, registres ecclésiastiques et informations particulières), nous les présentons sous une forme que nous croyons essentiellement impartiale et exacte, et pouvant favorablement soutenir la comparaison la plus munutieuse avec les relevés qui précèdent.

POPULATION DE LA TURQUIE D'EUROPE ET DES ILES.

D'après les provinces.		D'après les races.	
Constantinople ⎱	2,200,000	Turcs	750,000
Andrinople ⎰		Grecs	2,940,000
Touna	1,900,000	Albanais	850,000
Bosnie (1)	1,080,000	Valaques et Roumains	150,000
Prisrend	1,000,000	Bulgares	2,650,000
Salonique	1,400,000	Serbes	1,150,000
Janina	1,090,000	Arméniens	350,000
Crète	210,000	Israélites	75,000
Les îles	320,000	Bohémiens	150,000
Chypre	116,000	Circassiens et Tartares	220,000
Samos (2)	34,000	Étrangers et autres	65,000
Total	9,350,000	Total	9,350,000

D'après les religions.

Orthodoxes de l'Église grecque	5,600,000
Catholiques romains	280,000
Arméniens grégoriens	300,000
Protestants et autres sectes	45,000
Total des chrétiens	6,225,000
— — Mahométans	2,900,000
— — Israélites	75,000
— — Bohémiens	150,000
Total général	9,350,000

Nous croyons que c'est là un relevé digne de toute confiance de la population de la Turquie européenne, de cette immense contrée qui, grâce à son étendue, à sa position géographique et à ses ressources naturelles,

(1) Rapports des consulats anglais.
(2) Rapport de M. Marc, consul de Sa Majesté Britannique, daté du 31 décembre 1873.

devait rivaliser avec les États les plus populeux et les plus florissants de l'Europe, mais qui, après quatre siècles de despotisme et d'incorrigible barbarie, va se dépeuplant sans cesse par la guerre, par les épidémies, par la famine et par des exactions de toute espèce.

TROISIÈME PARTIE

LE MOUVEMENT INTELLECTUEL

Dans un pays où le gouvernement ne consacre aucune partie de ses revenus au progrès de l'instruction publique, et n'exerce pas sur elle la moindre action administrative, la preuve la plus évidente de la supériorité d'une race est indubitablement l'activité intellectuelle qu'elle déploie, la prépondérance linguistique et littéraire qu'elle possède. Or, dans les pays les plus travaillés par la propagande panslaviste, dans la Thrace et la Macédoine, il n'existe d'écoles que celles d'institution grecque. Il est vrai que, dans le courant de ces dernières années, on a vu apparaître des écoles bulgares, quelques-unes nouvellement fondées et la plupart enlevées de force aux communautés grecques, pendant la mémorable agitation provoquée par la « question de l'Église bulgare ».

Il est d'ailleurs à noter que, même dans les écoles ainsi acquises, tous les professeurs viennent mystérieusement de l'étranger, principalement de Russie. Ils offrent leurs services gratuits (mais à coup sûr richement rémunérés) aux ignorants villageois des districts mixtes, qui se laissent séduire par l'appât d'un enseignement qui ne leur coûte rien.

Par contre, les écoles grecques (dont bien peu sont des fondations dotées) ne vivent que par des sacrifices

que s'imposent les communes elles-mêmes ; malgré cela,
elles sont incomparablement les plus nombreuses ; elles
sont les mieux organisées, et rendent les meilleurs services ; leur existence dans ces provinces date déjà de
longues années.

Parmi les écoles de la Thrace, celle d'Épivatæ remonte à 1796 ; celle de Rodosto, à 1753 ; celle de Ma-
dytos, à 1784 ; celle d'Andrinople date de la fin du
dix-septième siècle ; celle de Scopos, de 1812.

Dans le nord de la Macédoine, la ville de Cozani a
toujours été considérée comme le centre des études
grecques ; l'existence de son excellente école hellénique
remonte à 1668, et celle de Moschopolis — la ville
natale de feu le baron Sina, de Vienne — date de 1750.

La plupart des autres écoles comptent trente et qua-
rante années d'existence ; elles ont été successivement
établies, lorsque l'enseignement hellénique, sorti de
ses mystérieux asiles du mont Athos et d'autres mo-
nastères, et favorisé par la première aurore d'un âge
de répression moins barbare, commença à se répandre
sur les provinces grecques de la Turquie.

Pareil mouvement n'aurait jamais pu se produire
dans des contrées inconscientes de leur nationalité et
non stimulées par la puissance de la langue hellénique.

Les efforts ardents, non pas d'une classe d'hommes,
non pas d'une organisation politique, mais de tout un
peuple, d'un peuple écrasé par des impôts insuppor-
tables, soumis au régime d'exactions arbitraires, et qui,
cependant, se taxe volontairement pour l'œuvre de la
régénération nationale, ces efforts, disons-nous, fournissent une preuve intime et morale de l'origine hellénique des habitants de la Thrace et de la Macédoine,

non moins forte, non moins incontestable que toutes celles qui pourraient se rencontrer dans l'ordre des faits matériels.

Ainsi donc, l'élément grec l'emporte, et par le nombre, et par le développement intellectuel. Et nous le voyons travailler de nouveau dans ces contrées, pour y mener à bonne fin sa mission traditionnelle de civilisation. Des Bulgares et des Juifs viennent chercher dans les écoles grecques ce que leur organisation nationale ne peut leur fournir. C'est aussi grâce à l'influence des écoles grecques que des districts entiers de langue turque, tels que Zalachoron, aspirent maintenant à un état moral plus élevé; c'est grâce à ces écoles que le système barbare de la réclusion des femmes a été abandonné.

Dans les pays et les villes les plus reculées de la Thrace et de la Macédoine, à Silyvrie, à Énos, à Rodosto, à Andrinople, à Philippopoli, à Saranta-Ecclésiai, à Serras, à Salonique, à Castorie, à Bitolia, à Mégarovo, à Coritza, etc., ces écoles ont apparu comme des astres tutélaires, comme les signes précurseurs d'un meilleur avenir.

Les deux tableaux suivants des écoles grecques, en Thrace et en Macédoine (les provinces les plus menacées par les prétentions panslavistes), établissent clairement les faits que nous venons de signaler. Ces tableaux sont dressés d'après les données fournies à la Société philologique de Constantinople, en 1873-1874; mais, bien qu'en eux-mêmes dignes de toute confiance, comme tous les documents statistiques concernant la Turquie, ils sont incomplets. Quant au nombre des écoles, actuellement existantes, elles sont, sans aucun doute, au-dessous de la vérité.

Les tableaux sont divisés par évêchés, les écoles sont classées sous la dénomination d'*écoles helléniques* (écoles supérieures), où l'on étudie les auteurs classiques et les mathématiques élémentaires ; puis les *écoles primaires* qui sont, pour la majorité, organisées d'après la méthode lancastrienne ou enseignement mutuel.

Les écoles de filles comprennent très-souvent des classes *helléniques*; et, là où il n'y a pas d'écoles spéciales, les filles sont admises aux écoles de garçons.

Dans les écoles helléniques des villes principales, le latin, le français et le turc même sont enseignés. Plusieurs de ces établissements, comme ceux de Coritza et de Philippopoli, contiennent une ou deux classes de *gymnase* (collége d'instruction secondaire). Il y a cependant deux *gymnases* complets, l'un à Bitolia (Monastir), l'autre à Salonique. Celui-ci, comme les écoles de Coritza, de Serras, de Ganos et de Philippopoli possède d'excellentes bibliothèques et des salons de lecture, attenants aux établissements. L'on trouve, en outre, à Philippopoli, un très-bon muséum et un laboratoire.

Les demandes de maîtres d'écoles devenant de jour en jour plus fréquentes, et l'excellente École normale de Serras devenant insuffisante, deux éminents banquiers grecs de Constantinople, déjà connus pour leurs œuvres en faveur de la régénération intellectuelle de leurs compatriotes, ont voulu pourvoir aux besoins nouveaux. Deux écoles normales ont été fondées et richement dotées; l'une, à Philippopoli, par George Zarifi, natif de Thrace; l'autre, dans la petite ville de Costoration, dans l'Épire septentrionale, par Christaki Zographos, à qui son pays natal devait déjà une école hellénique , une école primaire et une école de filles.

Des exemples semblables d'abnégation et de dévoue-ment patriotique, deux vertus auxquelles la nation grecque doit d'avoir pu survivre à d'immenses infor-tunes, ces exemples, disons-nous, se retrouvent à chaque pas en Thrace et en Macédoine.

Le voyageur qui visite Constantinople voit de bien loin la masse imposante d'établissements scolaires, s'élevant à travers les humbles cabanes des pêcheurs d'Epivatæ, pays natal de Saranti Archigénès, qui, après une honorable carrière comme médecin du sultan, con-sacra la totalité de sa grande fortune à la transforma-tion d'un village obscur en un foyer d'instruction. Insensible à la splendeur mensongère et au faste bar-bare des renégats, cet homme de bien a désiré reposer, même après sa mort, aux lieux témoins de son humble naissance et de son œuvre glorieuse.

Nous pourrions présenter ici des tableaux non moins éloquents des écoles établies en Thessalie, en Crète, à Chio, à Mitylène et même dans les plus petites îles de la mer Égée, où l'élément grec domine incontesta-blement; en Épire, où les écoles grecques sont les seuls établissements scolaires, et s'étendent, vers le nord, jusqu'à Bérat et à Dourazzo ; nous pourrions même décrire minutieusement l'œuvre accomplie par les écoles grecques jusque dans la Bulgarie (1), et nous

(1) Entre autres, il y a à Varna une école hellénique, six écoles pri-maires et cinq écoles de filles, fréquentées par 1,120 élèves. La ville de Silistrie possède une école hellénique et une école primaire. Des écoles primaires grecques sont aussi établies à Schoumla, à Toultcha, à Roustchouk, à Baltchik et dans d'autres villes, dans la plupart des-quelles on trouve aussi des sociétés littéraires grecques (σύλλογοι), toutes en pleine activité.

ne rappelons que pour mémoire les cent quatorze
écoles grecques de Constantinople avec leurs dix mille
élèves ; mais nous croyons que les deux tableaux ci-
après suffisent à notre thèse : la preuve de la par-
faite nationalité hellénique de la Thrace et de la Macédoine.

ÉCOLES GRECQUES DE LA MACÉDOINE.

ÉVÊCHÉS, VILLES ET VILLAGES.	Helléniques.	Primaires.	Élémentaires.	De filles.	NOMBRE DES ÉLÈVES.
SERRAS :					
Serras et faubourgs..	1	5	»	1	1,000
85 autres villages ...	»	15	14	3	790
Mégarovon.......	»	1	»	1	70
Zalachovon.	1	»	»	1	56
Tzataldja.	»	1	»	»	80
DRAMA :					
Scaritzova	»	1	»	»	38
Pravi	1	1	»	»	100
15 villages	»	»	15	»	237
MÉLÉNICON :					
Mélénicon.	1	1	»	1	215
4 villages	»	4	»	»	98
CASSANDRIE :					
Cassandra.	1	1	»	»	90
Balta.	1	1	»	»	67
STROUMNITZA :					
Stroumnitza	1	1	»	1	160
12 villages	»	12	»	»	187
SALONIQUE ET MONT ATHOS :					
Salonique.	1	3	»	2	720
Larigovo	1	1	»	1	120
Socho.	1	1	»	1	280
Madémochoria (Sidérocausia).	»	»	»	1	42
Epanomé.	»	1	»	»	50
Langada.	»	1	»	»	35
Colyndros.	1	1	»	1	68
Kariaï.	1	1	»	»	100
A reporter. . .	12	53	29	14	4,603

ÉVÊCHÉS, VILLES ET VILLAGES.	Helléniques.	Primaires.	Élémentaires.	De filles.	NOMBRE DES ÉLÈVES.
Report.	12	53	29	14	4,603
PLATAMON :					
30 villages	»	30	»	»	350
Rapsani.	1	1	»	»	70
Ambélakia	1	1	»	»	45
Litochoron	1	1	»	»	39
GRÉVÉNA ET CASTORIE :					
Dans le district de Grévéna et Castorie.	6	10	»	»	350
Sisamion	1	1	»	»	170
Siatista	1	1	»	»	450
Dans 62 villages. . . .	»	29	20	3	700
PÉLAGONIE :					
Bitolia et faubourgs..	1	3	3	1	1,200
Perlépé.	1	1	»	»	189
Mégarovo.	1	1	»	1	322
Chrysovon	»	1	»	»	35
Nicopolis	1	1	»	»	102
VÉLISSA (Keuprulu) :	»	1	1	»	198
Cozani.	1	1	»	1	500
CORITZA :					
Coritza.	1	1	1	1	550
3 villages.	»	3	»	»	92
Moschopolis	1	1	»	1	80
VODINA :					
Pella (Yanitza).	1	1	»	1	270
Vodina	1	1	1	»	307
Giumentza	1	1	»	»	60
Gevgéli	»	1	1	»	76
OCHRIDA.	1	1	»	»	210
TOTAUX	34	146	56	22	10,968

ÉCOLES GRECQUES DE LA THRACE.

ÉVÊCHÉS, VILLES ET VILLAGES.	Helléniques.	Primaires.	Élémentaires.	De filles.	NOMBRE D'ÉLÈVES.	ÉVÊCHÉS, VILLES ET VILLAGES.	Helléniques.	Primaires.	Élémentaires.	De filles.	NOMBRE D'ÉLÈVES.
DERKON (44 villages) :						*Report.*	17	60	28	13	7,65
Thérapia.	1	1	»	1	255	Loulé-Bourgaz	1	1	»	»	20
Beuyouk-Déré	1	1	»	1	253	Villages avoisinants .	»	»	5	»	18
Yéni-Mahallé. . . .	»	1	»	»	100	Saranta-Ecclésiai. . .	1	4	»	1	65
Macrochorion. . . .	»	1	»	»	80	Moustapha-Pacha. . .	»	1	»	»	6
16 autres villages. . .	»	16	»	»	737						
13 autres villages. . .	»	»	13	»	300	PHILIPPOPOLI :					
						Philippopoli	1	3	»	1	68
SELYVRIA :						Sténimachon. . . .	1	2	»	1	35
Sélyvria	1	1	»	1	260	Vodina.	»	1	»	1	10
Epivatæ	1	1	»	»	190	Tatar-Pazardjik. . .	»	1	»	1	9
Idem	1	»	»	1	202	Péristéra.	»	1	»	»	6
Egialoï.	1	»	»	»	35	Haskeuï	1	1	»	1	10
OEconomicon. . . .	1	»	»	»	40	Autres villages. . . .	»	6	»	»	24
4 villages.	»	»	4	»	110						
						VIZYÉ :					
GANOS ET CHÔRA :						Visa.	1	1	»	»	18
Ganos	1	1	»	»	175	Médeia.	1	1	»	»	21
Néochôrion.	»	1	»	»	60	Samacovon.	1	1	»	1	17
HÉRACLÉE :						ÉNOS (13 villages) :					
Rodosto	1	2	»	1	595	Énos.	1	2	»	1	374
Dans 9 villages. . . .	»	7	4	»	550	Divers villages	»	2	2	»	16
Myriophytos	1	1	»	1	300						
Péristasis.	1	1	»	»	300	MARONIA :					
Héraclitza	»	1	»	»	130	Maronia	1	1	»	1	18
Platanos.	»	1	»	»	50	Guioumertzina. . . .	1	1	»	1	30
Sterna.	»	1	»	»	90	Pherrée	»	1	»	»	4
Calamitzi.	»	1	»	»	40	Valikeuï	»	1	»	»	3
Loupouda	»	1	»	»	60						
Yénikeuï.	»	1	»	»	30	XANTHÉ :					
Gioltzik.	»	1	»	»	30	Xanthé.	1	1	»	1	20
						Mésoropé.	»	1	»	»	5
CALLIPOLI :	1	2	»	1	420	Yasikeuï.	»	1	»	»	3
Madytos	1	1	»	»	100	Sali (Saxari)	»	1	»	»	40
Dans 7 villages. . . .	»	»	7	»	380	Voloustra.	»	1	»	»	7
						Carayanni	»	1	»	»	37
ANDRINOPLE :						Podagorie	»	1	»	»	4
Andrinople.	1	7	»	3	1,900						
Cara-Agatch	»	1	»	»	80	ANCHIALOS :					
Sképastos	1	1	»	1	150	Anchialos.	1	1	»	»	17
Méga-Cavacli. . . .	»	1	»	»	60						
Géna.	1	1	»	1	145	MÉTRA (13 villages) :					
Bounar-Issar. . . .	»	1	»	»	70						
Schopos (Uskup) . . .	1	1	»	1	250	Métra.	1	1	»	1	18
Eucaryon.	»	1	»	»	60	Beuyouk-Tchekmedjé.	1	1	»	1	17
Baba-Eskisi.	»	1	»	»	70	Autres villages. . . .	»	»	7	»	16
A reporter. . .	17	60	28	13	7,657	TOTAUX.	32	102	42	25	13,56

Paris. — Typographie Georges Chamerot, rue des Saints-Pères, 19.

CARTE ETHNOLOGIQUE
DE
LA TURQUIE D'EUROPE
ET DE
LA GRÈCE

DRESSÉE À L'ÉTABLISSEMENT GÉOGRAPHIQUE DE STANFORD
À LONDRES

Échelle en milles anglais

BANAT

BOSNIE

SERVIE

BULGARIE

ROUMELIE

MONTÉNÉGRO

MER ADRIATIQUE

MER NOIRE

MER DE MARMARA

ASIE MINEURE

GOLFE DE SALONIQUE

ROUMÉLIE

MER IONIENNE

GRÈCE

MORÉE

ARCHIPEL

MER ÉGÉE

Golfe d'Arcadie

C. Matapan

C. Maléa

Cérigo

CRÈTE ou CANDIE

MER MÉDITERRANÉE

GOLFE DE TARANTE

DÉTROIT D'OTRANTE

CORFOU

Céphalonie

Zante

Smyrne

Rhodes

Carpathos

Grecs

Turcs (Osmanlis) Tatars

Bulgares

Serbes

Roumains

Albanais

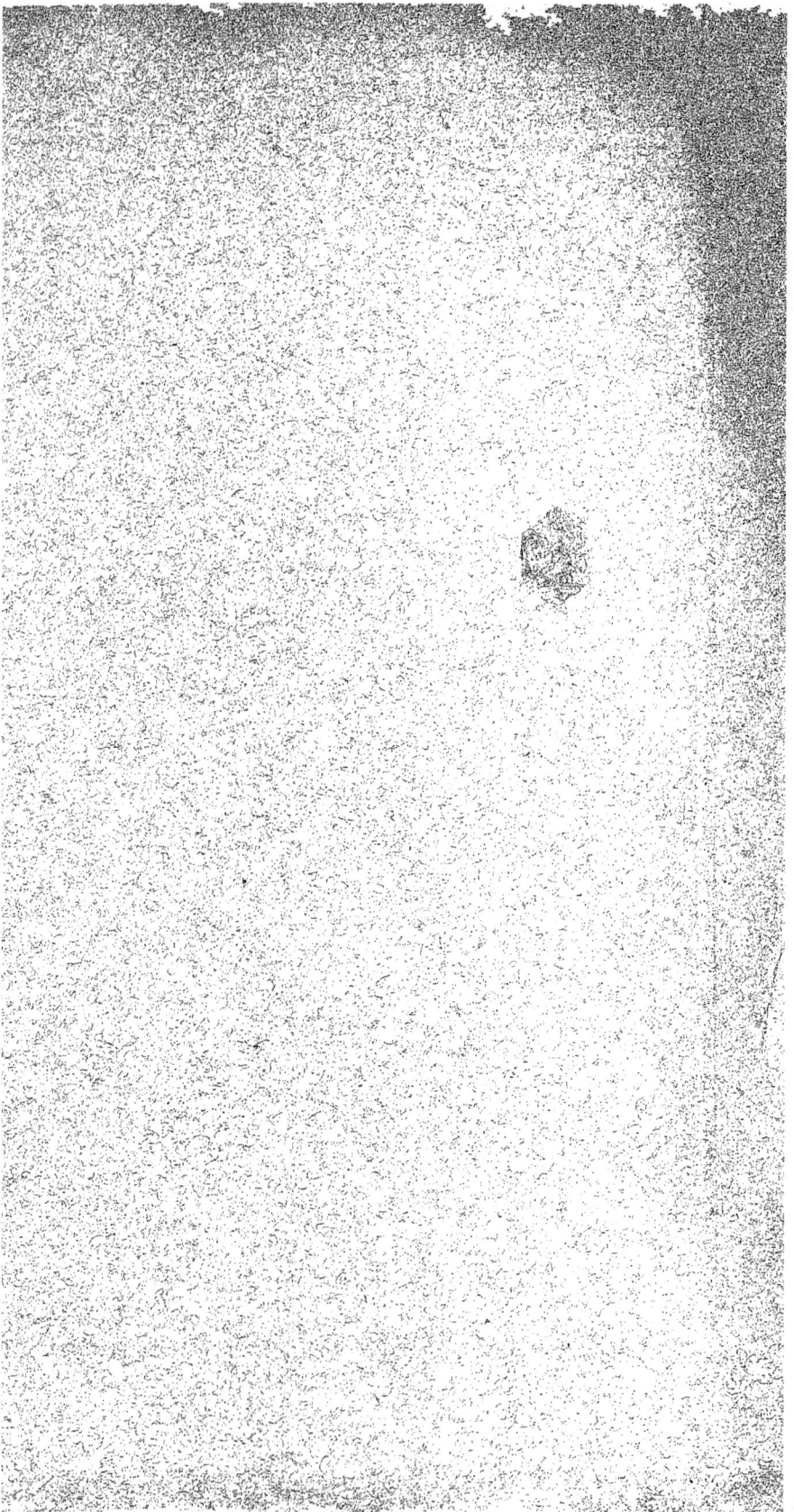

Paris. — Typ. Georges Chamerot, rue des Saints-Pères, 19.

www.ingramcontent.com/pod-product-compliance
Lightning Source LLC
LaVergne TN
LVHW022142080426

835511LV00007B/1219